구약 이야기-❶

하나님이 세상을 만드셨어요

글 : 박영득

말씀과만남

글 • 박영득 목사

박영득 목사는 서울 장신대와
장로회신학대학원을 거쳐 미국 캘리포니아
신학대학원에서 문학 석사와 목회학 박사 학위를
취득하였습니다.
서울 장신대학과 여러 신학교에서 강의,
굿 뉴스 성경 연구 프로그램을 목회자들과 함께 나누고 있으며
1990년 큰빛교회를 개척하여 지금까지 성도들을 섬기고 있습니다.

재미있는 52주 어린이 성경공부
구약이야기-1

하나님이 세상을 만드셨어요

2006년 1월 10일 1판 3쇄 발행

펴낸이 • 최헌근
펴낸곳 • 말씀과 만남
디자인 • 김응남
등록번호 • 제20-444호
등록 일자 • 1991년 6월 19일

주소 • 138-220 서울특별시 송파구 잠실동 339-3
전화 • (031)594-6327, Fax.(031)594-6328
전자우편 • mmpress@hanmail.net

ISBN 89-7508-103-6
89-7508-102-8 (전 8권)

정가 • 3,000원

차례

이 책으로 공부하는 어린이에게

어린이 여러분!

성경을 공부하는 일이 얼마나 재미있는지 아세요?

성경은 이 세상에서 가장 귀중한 책이랍니다.

성경을 공부하면 하나님을 알게되지요.

하나님은 여러분이 하나님에 대하여 잘 알기를 원하셔요.

그러면 여러분과 늘 함께 계실 수 있으니까요.

여러분이 이 책을 공부하는 동안 하나님께서 많은 지혜와 복을 주실 거예요.

첫째, 본문 말씀을 성경에서 찾아 큰 소리로 읽어보세요.
중요한 말씀은 줄을 치면서 읽으세요.

둘째, 공과 공부 내용을 자세히 읽으세요. 그러면 성경에 쓰인 글이 재미있는 이야기로 바뀐 답니다.

셋째, 공과 공부 내용을 생각하면서 예쁜 그림을 보세요.

넷째, 그림을 보고 그림의 내용을 다른 사람에게 이야기 해 보세요.

다섯째, '함께 공부해요'문제를 풀어 보세요.
그러면 중요한 의미를 깨닫게 된답니다.

여섯째, 함께 이야기 할 부분을 잘 기록해서 주일날 선생님과 친구들과 이야기해 보세요.
자기의 생각을 마음속으로 잘 정리해서 분명한 발음으로 이야기해 보세요.
조금도 두려워할 필요가 없습니다.
또한 남의 이야기를 들을 때는 조용히 주의 깊게 들으세요.
나의 생각과 어떻게 다른지를 살피면 많은 도움이 된답니다.

창세기 1:1~2:3

세상을 만드신 하나님

세상은 어떻게 만들어 졌을까요? 그리고 나는 누가 만드셨을까요? 세상을 만드시고 나를 만드신 분은 바로 하나님이세요.

처음에 세상은 물과 흙이 뒤섞여 있고 캄캄한 어두움으로 덮여 있었어요. 그래서 그곳에는 아무것도 살수가 없었답니다. 이때 하나님은 뒤죽박죽 된 세상을 아름답게 만들어야겠다고 생각하셨어요.

뒤죽박죽 된 세상을 향해 하나님은 "빛이 있어라!" 말씀하셨어요. 그러자 하나님의 말씀대로 캄캄하던 세상이 환하게 밝아졌어요. 그 빛이 하나님 보시기에 좋으셨어요. 하나님께서 빛을 "낮"이라 하시고 어두움을 "밤"이라 부르셨어요. 이 날이 세상이 생긴 첫째 날이에요.

둘째 날에는 아름다운 하늘을 만드셨어요.

셋째 날에는 땅과 바다를 만드시고, 땅에는 푸른 풀과 온갖 과일 나무를 만드셨어요.

넷째 날에는 하늘에 해와 달과 별들을 만드셨어요. 해는 낮을 비추게 하셨고, 달과 별로는 밤을 비추게 하셨어요.

다섯째 날에는 하늘에 새가 날게 하시고, 바다에 아름다운 고기들을 만드셨어요.

여섯째 날에는 땅에 기어다니는 곤충들과 크고 작은 동물들을 종류대로 만드셨어요.

하나님께서는 말씀으로 이 모든 것들을 만드신 거예요. 하나님께서는 만드신 모든 것들을 보시고 참 좋아하셨어요. 그리고 만드신 모든 것들을 다스릴 사람을 만드셨는데, 하나님의 형상대로 만드셨어요. 그리고 만든 사람의 코에다 하나님께서 입김을 불어넣으셨어요.

그때부터 사람은 숨을 쉬고, 생명을 갖게 되어 뛰기도 하고 걷기도 하였어요. 이 처음 사람을 아담이라고 하셨어요.

6일 동안 이 모든 것을 만드신 하나님께서는 7일째 되는 날에는 쉬셨어요. 그리고 이 날을 축복해 주셨는데, 오늘날 이 날을 주일로 지키고 있어요.

이 주일을 잘 지키는 사람이 하나님의 축복을 받을 수 있어요.

외울 말씀 : "태초에 하나님이 천지를 창조하시니라"(창 1:1)

함께 공부해요

1. 이 세상은 누가 만드셨어요? (   )

2. 처음 세상과 관계 있는 것에 ○표하세요.
   (1) 물과 흙이 뒤섞여 있었어요. (   )
   (2) 캄캄한 어둠으로 덮여 있었어요. (   )

3. 하나님께서는 (   )으로 이 모든 세상을 만드셨어요.

함께 이야기해요

1. 빛을 만드신 하나님께 감사한 일들을 말해 보세요.

2. 한사람씩 돌아가며 첫째 날에서부터 일곱째 날까지 하나님께서 하신 일들을 이야기 해 보세요.

3. 주일날은 우리가 무엇을 해야 하나님께서 기뻐하실까요?

창세기 2 : 8~25

아름다운 에덴 동산

하나님께서는 동방의 에덴에 아름다운 동산을 만드셨어요. 그리고 아담을 거기에 살게 하시고 동산을 다스리며 지키게 하셨어요.

또 그곳에 아름답고 맛있는 과일 나무들을 자라게 하시고 과일을 마음껏 먹을 수 있게 하셨어요.

에덴 동산 가운데에는 '생명 나무'와 '선악을 알게 하는 나무'도 있었어요. 그런데 하나님께서는 "동산에 있는 각종 나무의 열매는 네가 마음대로 먹을 수 있지만, 선악을 알게 하는 나무의 열매는 먹지 말라. 네가 먹는 날에는 반드시 죽으리라"는 무서운 말씀을 하셨어요.

'선악'이란 "착한 것과 그렇지 않은 것"이지요. 하나님의 이 명령은 사람에게 하신 첫 약속이었어요. 그리고 사람이 이 약속을 지키는 것은 곧 하나님을 사랑하는 증거가 되었어요. 아담은 동산 가운데 있는 이 나무를 볼 때마다 항상 하나님의 말씀을 기억하였어요.

하나님은 흙으로 각종 들짐승과 공중의 각종 새를 만드시고, 아담에게 이름을 짓게 하셨어요. 아담은 모든 가축과 공중의 새와 들의 모든 짐승들에게 이름을 붙여 주었어요.

아담은 아름다운 동산에서 살기는 했지만, 혼자였기에 무척 외로웠어요.

하나님께서도 아담이 혼자 외롭게 지내는 것을 좋게 생각하지 않으셨어요.

그래서 아담을 도와 함께 살아갈 아내를 만드시기로 마음먹으셨어요. 하나님은 아담을 깊이 잠들게 하신 후 아담의 갈비뼈 하나를 빼내어 그것으로 예쁜 여자를 만드셨어요.

그리고 그 여자를 아담에게 데려다 주니, 아담은 너무 기쁘고 즐거웠어요. 이제 아담은 외롭지 않게 되었어요. 하나님이 좋은 친구를 만들어 주셨기 때문이에요.

서로 사랑하며 살아갈 좋은 짝이 생긴 것이지요. 아담은 이 아름다운 여자와 에덴 동산에 살면서 하나님께서 만드신 모든 것을 잘 다스리며 하나님을 기쁘시게 해 드렸어요.

외울 말씀 : "선악을 알게 하는 나무의 실과는 먹지 말라. 네가 먹는 날에는 정녕 죽으리라 하시니라."(창 2:17)

함께 공부해요

1. 하나님께서 아름다운 (   )동산을 만드셨습니다.
2. 하나님이 동산 가운데 만드신 각종 나무 중에는 (   )나무와 (   ) 나무도 있었습니다.
3. 하나님은 아담에게 "선악을 알게 하는 나무의 실과를 따먹는 날에는 (   )"고 하셨습니다.
4. 하나님께서는 아담의 (   )로 여자를 만드셨어요.

함께 이야기해요

1. 예수님을 믿는 친구들이 하지 말아야 할 것은 무엇일까요?
2. 어떤 일들을 하면 하나님이 좋아하실까요?

창세기 3:1~24

죄를 짓는 아담과 하와

뱀은 하나님이 만드신 들짐승 중에 가장 교활했어요. 어느 날 이 뱀이 여자에게 물었어요.

"하나님이 너희더러 이 동산에 있는 나무 열매는 하나도 따먹지 말라고 하셨다는 데, 그것이 정말이야?"

여자가 뱀에게 대답했어요.

"아니야, 하나님께서는 이 동산에 있는 나무 열매는 무엇이든지 마음대로 따먹되, 죽지 않으려거든 이 동산 한 가운데 있는 나무 열매만은 따먹지도 말고, 만지지도 말라고 하셨어."

그러자, 뱀은 여자를 꾀었어요.

"그렇지 않아. 너희는 절대로 죽지 않아. 너희가 그 열매를 따먹고 너희의 눈이 밝아져서 하나님처럼 선과 악을 알게 될 줄을 하나님이 아시고 그렇게 말하신 거야."

이 말을 들은 여자가 선악과 나무를 바라보니 정말 탐스럽고 맛있게 보였어요. 그래서 그것을 따먹고, 남편에게도 따서 주었어요. 그러자, 두 사람은 눈이 밝아져 자기들이 벗고 있는 것이 부끄러워졌어요.

그래서 얼른 무화과나무 잎을 엮어 몸을 가렸어요.

하나님이 부르시는 소리를 듣고, 아담과 그의 아내는 하나님의 눈에 띄지 않게 동산 나무 사이에 숨었어요. 하나님의 말씀을 지키지 않았기 때문에 마음에 두려움이 생긴 것이지요.

아담과 그의 아내는 하나님께 잘못했다고 말하지 않고 서로 핑계만 대었어요.

하나님은 죄를 지은 뱀을 저주하셨어요. 그래서 배로 기어다니며 흙을 먹고 살게 하셨어요. 그리고 여자에게는 아기를 낳을 때 몹시 고생을 하게 된다고 말씀하셨어요.

아담에게는, "네가 네 아내의 말을 듣고 내가 너더러 먹지 말라 한 나무 열매를 먹었으니 땅이 너를 인하여 저주를 받고, 너는 죽도록 고생해야 먹고 살 것이다. 이마에 땀을 흘려야 먹을 것을 얻고, 결국은 흙으로 돌아갈 것이다"라고 말씀하셨어요.

아담은 그 아내의 이름을 하와라고 불렀어요. 그들은 이제 하나님을 떠나 살게 되었어요.

외울 말씀 : "여호와 하나님이 아담과 그 아내를 위하여 가죽옷을 지어 입히시니라."(창 3:21)

함께 공부해요

1. 하와를 유혹하기 위해서 (   )이 찾아왔습니다.
2. 뱀은 하나님이 따먹지 말라고 한 열매를 따먹으면 (   )처럼 된다고 유혹했어요.
3. (   )는 선악과를 따먹고 (   )에게도 주었습니다.
4. 하나님이 죄를 지은 아담과 하와에게 가죽옷을 입히기 위해서는 어떤 일이 필요했을까요.(   )

함께 이야기해요

1. 지난 주간 동안 하나님께 잘못한 일들을 말해 보세요.
2. 아담과 하와가 잘못한 일이 무엇인지 말해 보세요.

창세기 4:1~15

가인과 아벨

아담과 하와가 에덴 동산에서 쫓겨난 후에 하나님께서 그들에게 두 아들을 주셨어요. 형의 이름은 가인이었고, 동생의 이름은 아벨이었어요.

가인은 자라서 농부가 되었고, 아벨은 양치는 목자가 되었어요.

세월이 지난 후에, 가인은 땅에서 난 곡식을 하나님께 제물로 드렸고, 아벨은 양의 첫 새끼와 그 기름을 드렸어요.

그런데 하나님은 아벨과 그가 바친 제물은 반가워하시고, 가인과 그가 드린 제물은 반기지 않으셨어요. 그러자 가인은 몹시 화가 나서 얼굴색이 변했어요. 하나님은 가인에게 말씀하셨어요.

"너는 왜 그렇게 화를 내느냐? 네가 잘 했다면 왜 얼굴을 쳐들지 못하느냐? 네가 잘하지 않으면 죄가 너를 노릴 것이다. 죄를 짓고 싶은 마음이 있더라도 너는 죄를 이겨야 한다."

그러나 가인은 속에서 끓어오르는 질투심을 참지 못하고 동생 아벨을 죽이고 말았어요. 하나님께서 가인에게 "네 동생 아벨이 어디 있느냐?"고 물으시자, 가인은 시치미를 뚝 떼면서 "저는 몰라요. 제가 동생을 지키는 사람인가요?"라고 거짓 말을 했어요.

그러자 하나님은 "네가 어찌하여 이런 일을 저질렀느냐? 네 동생의 피가 땅에서 나에게 울부짖고 있다"고 말씀하시면서 가인을 꾸짖으셨어요.

그래서 가인은 저주를 받아 그가 살던 땅에서 쫓겨나게 되었어요.

가인은 하나님께 호소했어요.

"제 벌이 너무 커서 감당할 수가 없습니다. 하나님께서 저를 쫓아내셔서 제가 세상을 떠돌아다니면, 저를 만나는 사람마다 저를 죽이려고 할 것입니다."

하나님께서는 "그렇지 않다. 가인을 죽이는 자는 벌을 칠 배나 받으리라"하시고, 가인에게 표를 주셔서 아무도 그를 죽이지 못하도록 하셨어요.

하나님은 죄인이라도 이렇게 사랑하셨어요. 하나님은 우리가 생각하는 것과 행동하는 것을 다 보고 계시기 때문에 우리는 하나님을 속일 수가 없어요.

외울 말씀 : "아벨은 자기도 양의 첫 새끼와 그 기름으로 드렸더니 여호와께서 아벨과 그 제물은 열납하셨으나"(창 4:4)

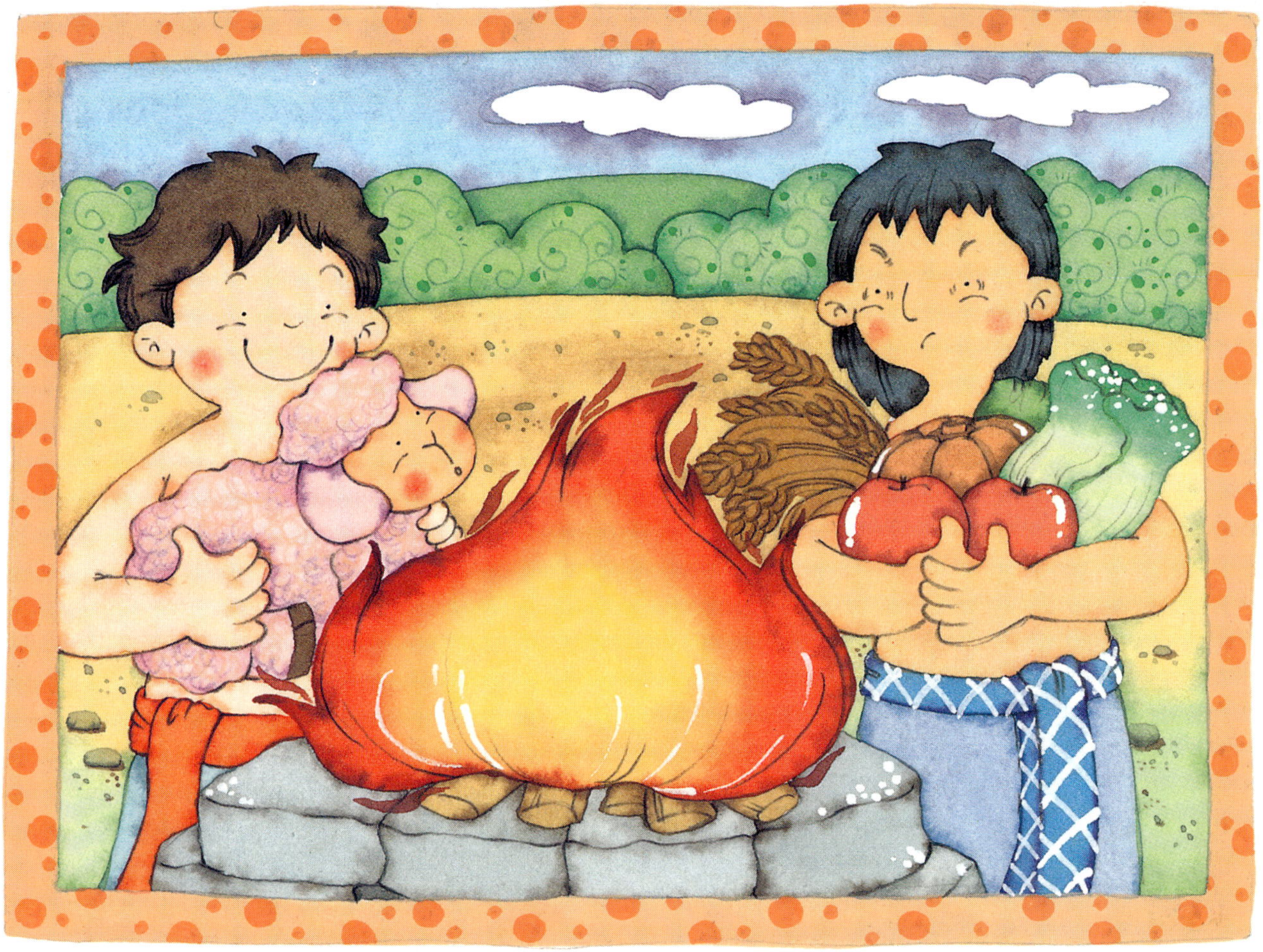

1. 가인은 ( )하는 사람이었고, 아벨은 ( )치는 목자였습니다.
2. 왜 가인의 얼굴에 노여움이 가득 차 있었을까요?
   (1) 아벨이 가인보다 더 잘 살았기 때문에.
   (2) 하나님이 아벨의 제사는 받으시고, 가인의 제사는 받지 않으셔서.
3. 화가 난 가인이 아벨을 어떻게 했나요?( )

1. 하나님께 어떤 마음으로 예배를 드려야 하는지 말해 보세요.
2. 친구를 미워하게 될 때, 우리의 마음에는 무엇이 있나요?

창세기 6:5~7:24

노아의 방주

하나님께서는 세상이 사람의 죄악으로 가득 차고, 사람마다 못된 생각을 하는 것을 보시고, 사람 만드신 것을 후회하셨어요.

사람들은 하나님보다도 자기 힘과 꾀를 믿고 살아가는 것이었어요. 그래서 하나님께서는 홍수로 이 세상 사람을 다 쓸어버리기로 작정하셨어요.

그때 노아라는 사람이 있었는데, 그는 올바르고 흠이 없는 사람이었으며, 하나님 마음에 들도록 살았기 때문에 하나님은 노아를 아주 사랑하셨어요.

어느 날, 하나님께서는 노아에게 삼층이나 되는 아주 큰배를 만들라고 말씀하셨어요. 그리고 큰 홍수가 나서 땅 위에 사는 것은 하나도 살아 남지 못할 것이라고 하셨어요. 그리고 노아와 노아의 아내와 아들들과 며느리들은 배 안으로 들어가라고 하셨어요. 또한, 온갖 동물들도 종류대로 한 쌍씩 배에 데리고 들어가라고 하셨어요.

오랫동안 먹을 양식도 배 안에 저장하라고 하셨어요.

노아는 하나님이 가르쳐 주신대로 120년 동안이나 배를 만들었어요.

사람들은 노아를 비웃었어요.

"아니, 저 늙은이가 돌았지. 글쎄 산 위에다 저렇게 큰배를 무엇 하려고 만들지?"

"하나님이 어떻게 비를 그렇게 많이 내려서 우리를 죽일 수 있어? 산으로 올라가면 그만이지."

그러나 노아는 묵묵히 오랜 세월 끝에 방주를 완성하고, 그 안으로 하나님께서 말씀하신 대로 모든 생물들을 종류대로 구별하여 들여보내고, 그의 여덟 식구도 들어가자 하나님은 배의 문을 닫으셨어요.

그 후, 하늘에서 밤낮으로 40일 동안 비가 쏟아졌어요. 세상의 모든 것은 물에 잠겼고, 방주는 물 위로 떠다니기 시작했어요. 높은 산도 다 물에 잠기게 되었어요.

결국 세상에 있는 모든 사람들과 짐승들은 다 죽고 말았어요. 물이 150일 동안 땅에 가득해, 오직 노아와 그와 함께 방주에 있던 식구들과 생물들만 살아 남게 되었지요.

외울 말씀 : "노아의 사적은 이러하니라. 노아는 의인이요 당세에 완전한 자라. 그가 하나님과 동행하였으며"(창 6:9)

함께 공부해요

1. 하나님께서는 (   )로 이 세상을 심판하셨습니다.
2. 노아는 (   )의 마음에 드는 사람이어서, 하나님의 (   )을 많이 받았습니다.
3. 방주에 들어가 구원받은 노아의 식구는 (   )명 이었습니다.

함께 이야기해요

1. 노아가 하나님 마음에 들었던 점이 무엇일까요?
2. 노아가 배를 만들 때 힘들었던 것은 무엇이었을까요?
3. 노아가 하나님의 말씀하신 대로 순종한 결과는 어떠했나요?

창세기 11:27~12:9

고향을 떠나는 아브람

갈대아 땅 우르라고 하는 도시에 아브람이라는 사람이 살고 있었어요. 우르라고 하는 도시는 달을 우상으로 섬기고 있어서, 아브람의 식구들도 이 곳에서 달을 신으로 섬기고 있었는데, 그것은 잘못된 일이었어요.

그래서 하나님은 아브람에게 나타나셔서 "너는 너의 고향과 친척과 아비의 집을 떠나서 내가 장차 보여 줄 땅으로 가거라. 내가 너로 큰 민족을 이루고, 네게 복을 주어 네 이름을 창대케 하리니 너는 복의 근원이 될 것이다. 땅의 모든 족속이 너를 인하여 복을 얻을 것이다"라고 말씀하셨어요.

아브람은 정든 고향과 친척, 그리고 친구들과 헤어져 아버지 데라, 그의 아내 사래, 그리고 조카인 롯과 종들을 데리고 멀고 먼 나라를 향해서 길을 떠나게 되었어요.

그 곳이 어떤 곳인지, 얼마나 먼 곳인지, 가는 동안 어떤 일들이 일어날는지 아브람은 알지 못했어요. 다만 아브람은 하나님께서 지켜주실 것을 믿었기 때문에, 조금도 두려워하지 않았어요.

아브람 일행은 오랜 시간 후에 하란에 도착했는데, 그곳은 참 아름다운 곳이어서 아브람 일행은 거기서 살고 싶어했어요. 그러나 하나님은 또다시 아브람에게 나타나셔서 말씀하셨어요.

"아브람아! 이제부터 내가 지시하는 곳으로 가거라. 내가 너를 지켜주겠다. 그리고 너에게 많은 복도 내려 주겠다."

아브람은 하란의 생활이 좋았지만, 하나님의 말씀을 따라 다시 하란을 떠나 강도 건너고, 거친 사막도 지나서 무사히 하나님이 약속한 땅에 도착했어요. 그곳의 이름을 가나안이라고 하는데, 오늘날 이스라엘 나라가 있는 곳이에요.

가나안에 도착하자, 하나님은 아브람에게 "내가 이 땅을 전부 네게 주겠다. 이 땅은 영원히 너와 네 자손들의 땅이 될 것이다" 하고 축복하셨어요.

아브람은 장차 되어질 하나님의 약속을 믿고 너무도 감사해서 하나님께 제사지낼 단을 쌓고, 짐승을 잡아 예배를 드렸어요.

외울 말씀 : "내가 너로 큰 민족을 이루고 네게 복을 주어 네 이름을 창대케 하리니 너는 복의 근원이 될지라."(창 12:2)

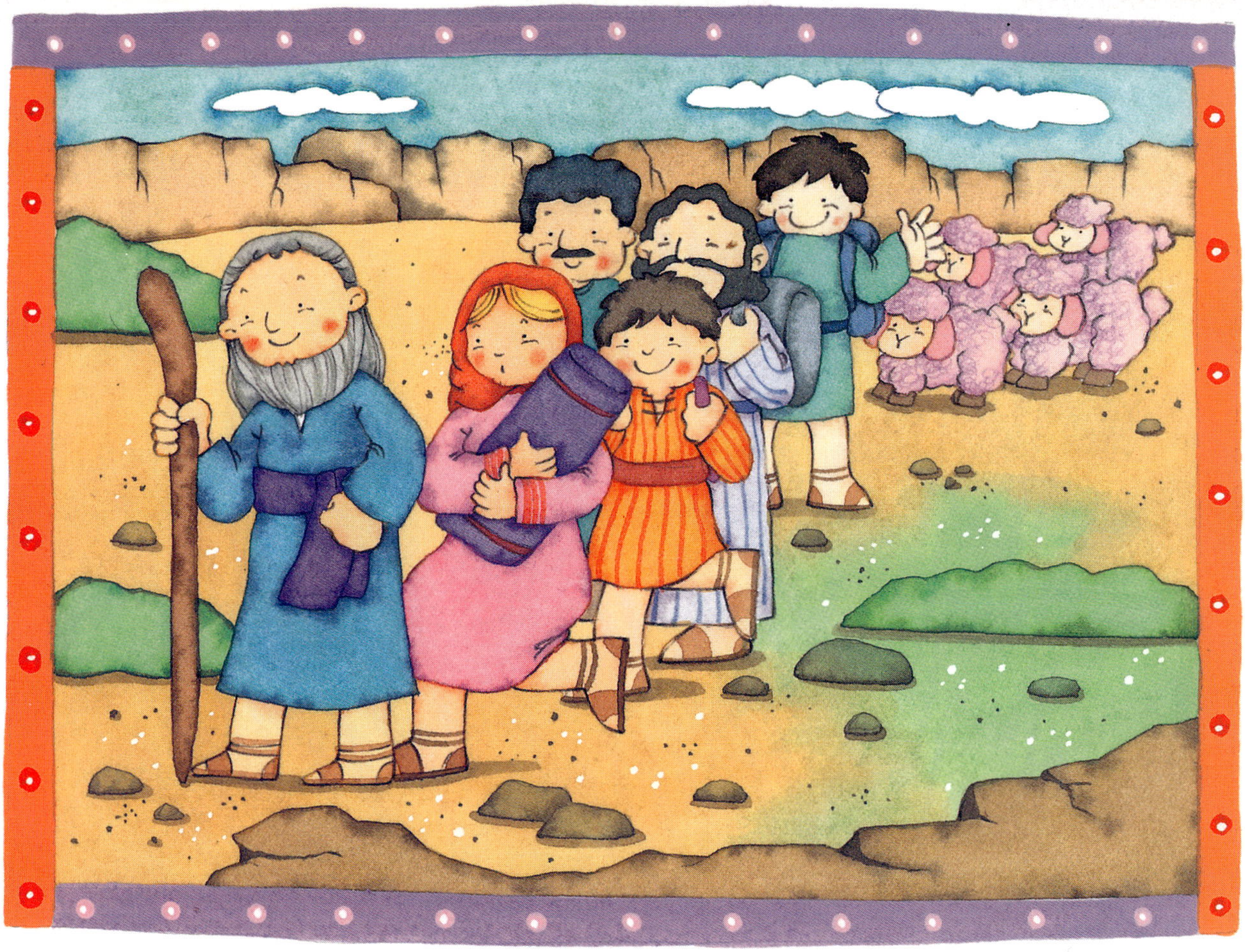

1. 우르 사람들은 (   )을 신으로 섬기며 살았습니다.
2. 아브람은 우르를 떠난 후에 (   )에 도착했습니다.
3. 아브람은 가나안 땅까지 인도해 주신 하나님께 너무나 감사해서 (   )를 드렸습니다.

1. 아브람은 먼 길을 떠나면서 왜 두려워하지 않았을까요?
2. 아브람은 하나님께 왜 감사했나요?
3. 우리가 예배드릴 때, 어떤 마음이 꼭 있어야 할까요?

창세기 17:1~22

아브라함과 이삭

아브람과 사래는 자녀가 없었기 때문에 기쁨이 없었어요. 그런데 하나님은 아브람에게 하늘의 별과 같이 많은 자손을 주시겠다고 말씀하셨어요.

아브람은 이 하나님의 말씀을 굳게 믿었어요. 그런데 그로부터 10년이 지났는데도 아기가 없었어요. 그러자 사래는 그만 자기가 아기를 낳을 수 없다고 생각하고 자기의 몸종인 하갈을 통해 아브람의 아들을 낳아 대를 이으려고 했어요.

그런데 하갈이 아기를 가지게 되자 주인인 사래를 업신여겼어요.

하갈이 이스마엘이라는 아기를 낳게 되자 아브람의 가정은 기쁨보다는 괴로움이 더 많았어요.

아브람이 99살이 되고 사래가 89살 되던 어느 때에 하나님께서 아브람에게 나타나셔서 이름을 바꾸어 주셨어요.

아브람은 아브라함, 사래는 사라라고 고쳐주셨어요. 아브라함은 "많은 나라의 아버지"라는 뜻이고 사라는 "많은 나라의 어머니"라는 뜻이에요.

하나님은 또 아브라함에게 말씀하셨어요. "내년 이 맘 때에 자식을 갖게 될 것이다."

아브라함은 엎드려 있으면서도 늙은 자기가 아들을 얻을 수 있다는 말씀에 우스워서 속으로 "100살 된 내가 어떻게 자식을 얻을 수 있겠으며, 사라도 벌써 90살이나 되었는데 어찌 아기를 낳을 수 있을까?"하고 중얼거리며 "이스마엘이나 하나님께 복을 받으며 살기를 원합니다"하고 말했어요.

그러나 하나님께서는 "분명히 네 아내 사라는 아들을 낳을 것이다. 그 아기의 이름을 "이삭이라 하라"고 하셨어요.

하나님은 아브라함이 100살 때 약속하신 대로 귀여운 아들을 주셨어요. 아브라함과 사라는 얼마나 기뻤을까요?

하나님은 약속하신 것을 꼭 지키시는 분이세요. 그러므로 우리도 하나님의 말씀을 의심하지 말고 믿어야 해요. 하나님께는 불가능한 일이 없기 때문에 이토록 나이 많은 사람에게도 하나님의 능력으로 아기를 낳게 하신 것이에요.

외울 말씀 : "내가 내 언약을 나와 너 사이에 세워 너로 심히 번성케 하리라 하시니"(창 17:2)

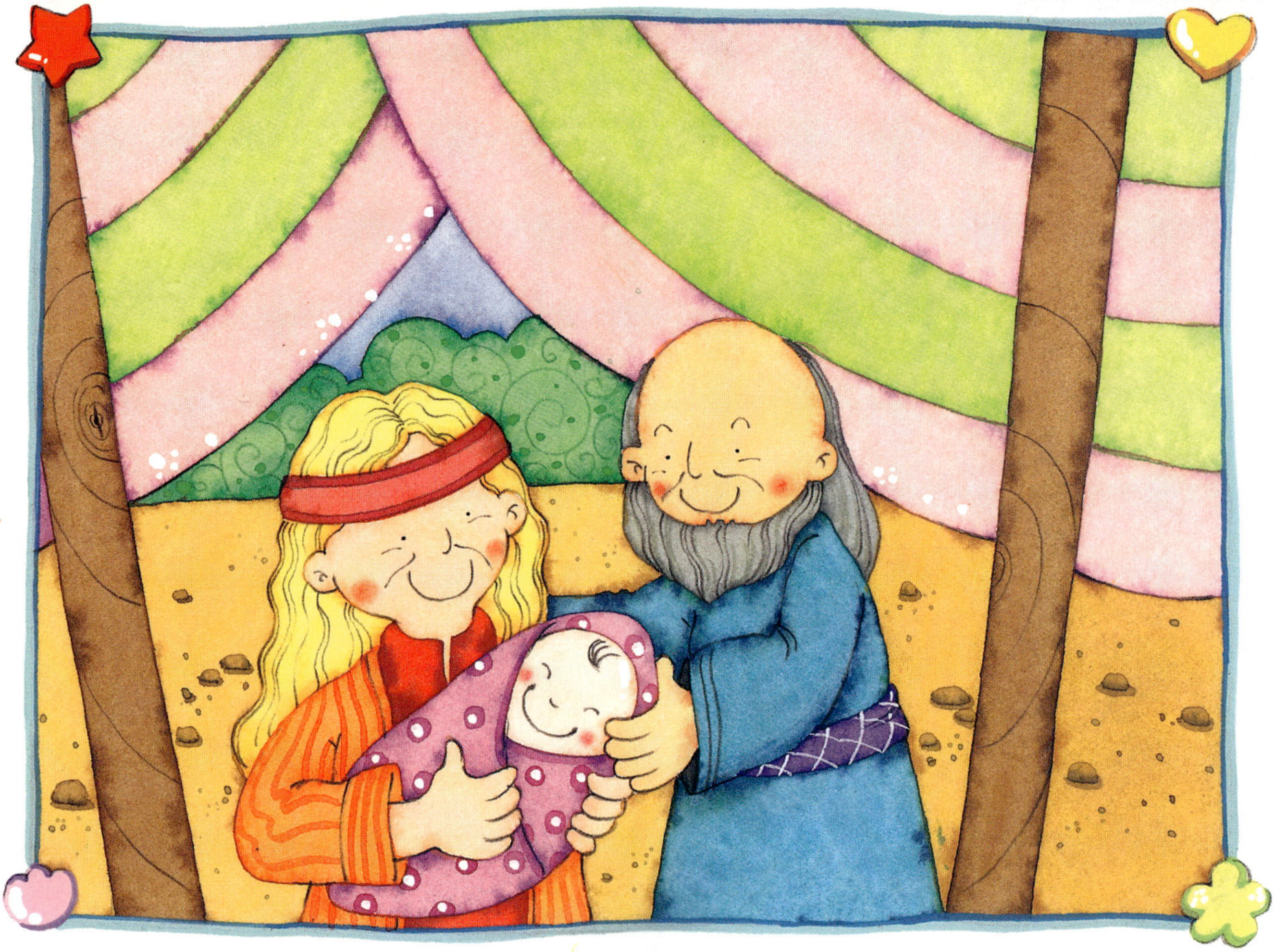

1. 아브람과 사래의 큰 걱정은 (   )가 없었기 때문입니다.

2. 관계 있는 것끼리 줄로 이어보세요.
   - 많은 나라의 아버지 • 사라
   - 많은 나라의 어머니 • 아브라함

3. 이삭을 낳을 때 아브라함은 (   )세였고, 사라는 (   )세였습니다.

1. 이스마엘을 얻은 아브람의 가정에 왜 기쁨이 없었을까요?

2. 여러분에게 어떤 소원이 있는지 말해 보세요.

3. 하나님이 주시는 약속을 우리는 어떻게 기다려야 할까요?

소돔과 고모라의 멸망

하나님께서는 아브라함에게 소돔과 고모라 성을 불로 태워버릴 계획을 말씀하셨어요. 그곳에 사는 사람들이 아주 악했기 때문이었어요.

이 말씀을 들은 아브라함은 소돔 성에 사는 조카 롯이 걱정이 되어 하나님께 사정을 했어요. 하나님께서는 아브라함을 생각하셔서 그곳에 의로운 사람 열 명만 있어도 멸하지 않겠다고 하셨어요.

그러나 소돔 성에는 의로운 사람이 열 명도 없었습니다. 천사들은 저녁 때 쯤 소돔 성에 도착하였는데, 마침 롯이 성문 옆에 앉아 있다가 천사인 것을 알고 일어나서 영접한 뒤 땅에 엎드려 절했어요.

롯은 천사들을 집으로 모셔 저녁을 대접하였어요. 저녁을 먹고 나자, 소돔 성 사람들이 롯의 집으로 몰려와 집을 에워싸고 낯선 사람을 내놓으라고 소란을 피웠어요. 롯은 사정을 했지만 소용이 없었어요.

천사들은 롯을 집으로 끌어들이고 문밖의 무리들의 눈을 멀게 하여 문을 찾을 수 없게 하였어요.

천사들은 롯에게, 이 도시가 너무도 악하기 때문에 하나님께서 이 도시를 멸망시키기 위해 자신들을 보내셨다는 사실을 알렸어요. 그리고 롯에게 "일어나 여기 있는 네 아내와 두 딸을 데리고 소돔을 빠져나가라. 여기 있으면 너희도 멸망할 것이다"라고 경고했어요. 롯이 망설이자 천사들은 롯과 그의 아내와 두 딸의 손을 이끌고 밖으로 나갔습니다. 하나님께서는 소돔 성에 사는 모든 사람을 멸망시키려고 하셨지만, 아브라함을 생각하시고 롯과 그의 가족은 구하신 것이에요.

천사들은 롯에게 뒤를 돌아보거나, 들에 머무르거나 하지말고 산으로 도망가라고 하였어요. 롯은 천사에게 소알 성까지 무사히 가서 피할 수 있게 해 달라고 부탁하였어요. 롯이 소알 성에 들어가자 해가 돋았어요. 그러자 하나님께서 소돔과 고모라 성에 유황불을 부으셔서, 그곳에 사는 모든 것이 타버리게 하셨어요. 롯의 아내는 뒤를 돌아보다가 그 자리에서 소금 기둥이 되어 버렸어요.

외울 말씀 : "롯의 아내는 뒤를 돌아본 고로 소금 기둥이 되었더라."(창 19:26)

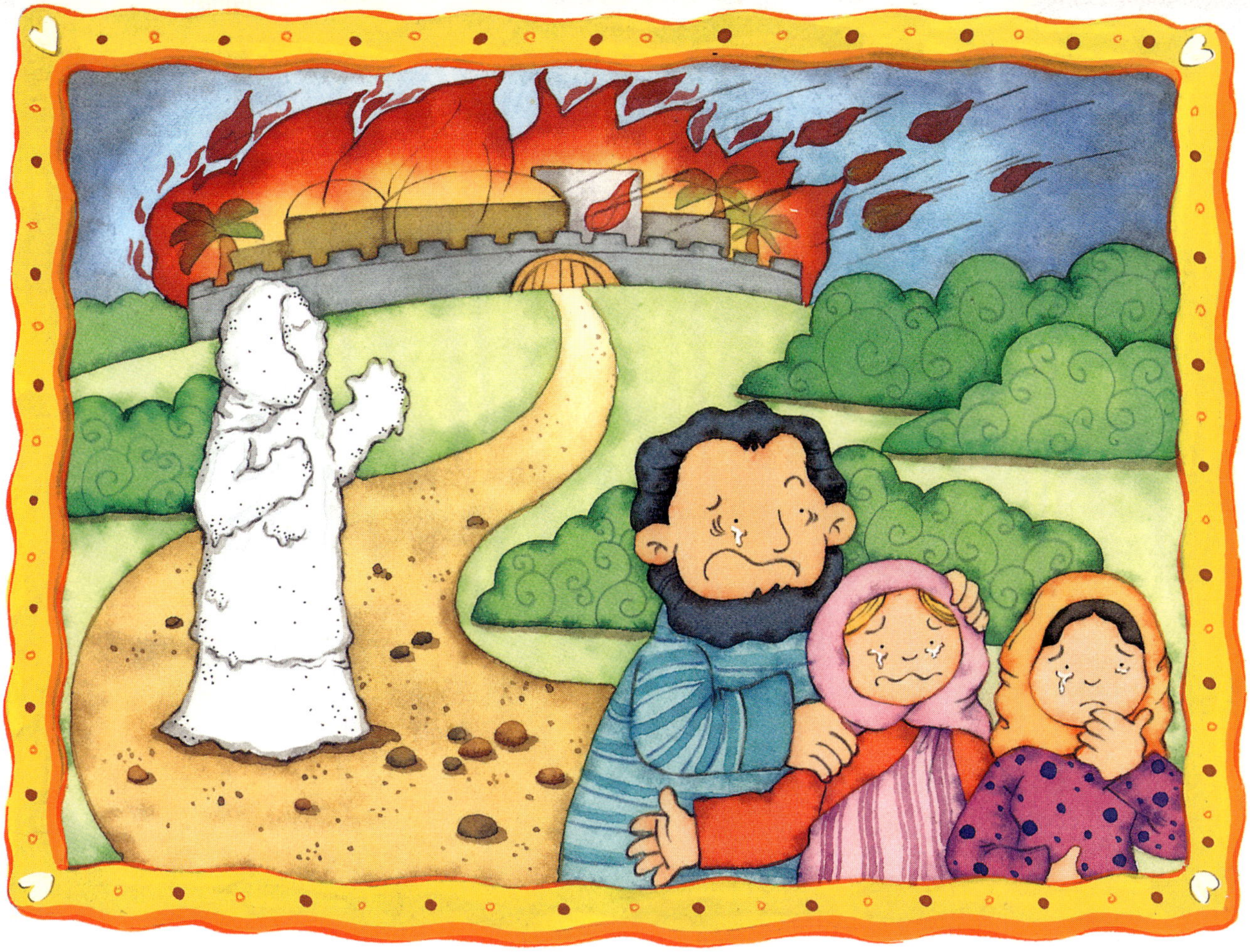

1. 소돔과 고모라 성에 살고 있는 사람들이 (　　　　　　)했기 때문에 하나님은 (　　　　　　)로 심판하기로 결심하셨습니다.
2. 소돔 성에는 아브라함과 조카 (　　　　　　)이 살고 있었습니다.
3. 하나님은 (　　　　　　)을 생각하셔서 롯의 가족을 구하시기로 하셨습니다.
4. 롯의 아내는 뒤를 돌아보다가 (　　　　　　)이 되었습니다.

1. 롯의 아내가 왜 뒤를 돌아다보았는지 서로 이야기 해 보세요.
2. 지옥이 어떤 곳인지 서로 나누어 보세요.

아브라함을 시험하신 하나님

아브라함은 100세에 낳은 독자 이삭을 무척 사랑했어요. 그런데 어느 날 하나님은 아브라함이 이삭을 자기보다 더 사랑하고 있지 않나 시험해 보기로 하시고 아브라함에게 말씀하셨어요.

"아브라함아! 사랑하는 네 외아들 이삭을 데리고 모리아 땅으로 가거라. 거기서 내가 알려 주는 산에 가서 제단을 쌓고 이삭을 희생 제물로 바쳐라."

제물로 바치기 위해서는 동물을 잡아 각을 떠서 불에 태워야 하는데 참으로 이해할 수 없는 일이지요? 그러나 이것을 실천에 옮길 만큼 하나님을 사랑하고 있는지 알고 싶으셨던 것이었어요.

아브라함은 아침 일찍 일어나서 나귀등에 안장을 올려놓고 종 두 사람과, 제단에 불을 피울 나무와, 이삭을 데리고 하나님이 말씀하신 산을 향하여 길을 떠났어요.

삼일 후 모리아 산이 멀리 보이는 곳까지 오자 아브라함은 종들에게 이삭과 올라가서 예배를 드리고 다시 돌아올 때까지 기다리라고 했어요.

이삭은 번제 나무를 어깨에 지고, 아브라함은 불과 칼을 손에 들고 올라갔어요. 이삭이 번제 할 어린양이 어디 있느냐고 아브라함에게 묻자 아브라함은 하나님께서 친히 준비하실 거라고 했어요.

드디어 하나님이 말씀하신 곳에 도착하자, 아브라함은 제단을 쌓고 그 위에 나무를 올려놓았어요. 그리고 이삭을 묶어 나무단 위에 놓고 죽이기 위해 칼을 높이 쳐드는 순간 하늘에서 하나님의 음성이 들려왔어요.

"아브라함아, 아브라함아! 그 아이에게 손을 대지 말아라. 이제는 네가 나를 얼마나 공경하고 두려워하는지 알았다. 너는 하나밖에 없는 아들도 스스럼 없이 바쳤다"

그 때 아브라함이 주위를 살펴보니 수양한 마리가 수풀에 뿔이 걸려 꼼짝도 못하고 있지 않겠어요? 이삭 대신 제물로 바치도록 하나님께서 친히 준비하신 것이었어요.

아브라함은 그 양을 잡아서 하나님께 제사를 드렸어요. 하나님은 순종하는 아브라함을 보시고 기뻐하셨어요.

외울 말씀 : 여호와께서 가라사대, 네 아들 네 사랑하는 독자 이삭을 데리고 모리아 땅으로 가서 내가 네게 지시하는 한 산 거기서 그를 번제로 드리라."(창 22:2)

함께 공부해요

1. 하나님은 아브라함에게 사랑하는 아들 이삭을 (　　　　　　)로 바치라고 하셨습니다.
2. 하나님이 이삭을 제물로 바치라고 한 곳은 (　　　　　　) 산입니다.
3. 이삭 대신 제물로 쓸 수양은 누가 준비해 두었나요?(　　　　　　)

함께 이야기해요

1. 우리가 하나님보다 더 사랑하는 것이 있는지 말해 보세요.
2. 어떻게 아브라함은 아들 이삭을 하나님께 제물로 드릴 수 있었을까요?
3. 하나님은 어떤 어린이를 기뻐하실까요?

10

창세기 25:19~34

장자권을 팔아버린 에서

이삭은 40세에 리브가와 결혼했는데, 20년 동안이나 아기가 없었어요. 그래서 이삭은 하나님께 자식을 달라고 간절히 기도했어요.

하나님께서 그 기도를 들으시고 아기를 주셨는데, 쌍둥이가 태어났어요.

첫 아이는 살결이 붉은데다가 온 몸이 털투성이였기 때문에 "붉다"란 뜻으로 에서라고 불렀고, 나중 낳은 아이는 손으로 에서의 발꿈치를 잡았으므로 야곱이라고 불렀어요.

에서와 야곱은 쌍둥이였지만 서로 닮지 않았어요. 에서는 씩씩한 사냥꾼이 되어서 산과 들로 뛰어다녔고, 야곱은 조용한 성격이어서 집에 있는 것을 좋아했어요.

어른이 된 에서는 익숙한 사냥꾼이 되어 날마다 산과 들로 다니면서 짐승을 잡아다가 아버지 이삭에게 맛있는 요리를 해 드렸어요.

이삭은 그 고기를 아주 좋아하여 에서를 사랑했고, 어머니 리브가는 집에서 집안 일을 도와주는 야곱을 사랑했어요.

하루는 야곱이 부엌에서 아주 맛있는 팥죽을 만들고 있는데 에서가 사냥에서 돌아왔어요. 배가 고픈 에서가 야곱에게 팥죽을 좀 달라고 하자 야곱은 에서에게 "팥죽을 줄테니 장자의 특권을 팔지 않겠어?"하고 제의를 했어요.

에서는 "배가 고파 죽겠는데 장자의 특권따위가 대체 무슨 소용이 있니? 팥죽만 준다면 당장 장자권을 줄께"하며 맹세했어요.

에서는 장자권을 야곱에게 넘겨주고 배가 부르도록 팥죽을 먹었어요.

장자권을 판 것은 에서의 큰 실수였어요. 장자권은 하나님의 큰복을 받는 귀한 권리거든요.

하나님께서 주신 것을 귀하게 여기지 않는 사람은, 하나님이 주시는 복을 받을 수 없게 되지요.

그런데 에서는 배가 고프다고 해서 팥죽 한 그릇에 하나님의 복을 받을 수 있는 장자권을 팔아 버린 거예요.

우리는 내가 하고 싶다고 하나님이 좋아하시지 않는 일을 하고 있지는 않은지요?

외울 말씀 : "이삭이 그 아내가 잉태하지 못하므로 그를 위하여 여호와께 간구하매 여호와께서 그 간구를 들으셨으므로 그 아내 리브가가 잉태하였더니."(창 25:21)

함께 공부해요

1. 관계 있는 것끼리 선으로 연결해 보세요.
   - 에서 • 조용한 성격
   - 야곱 • "붉다"는 뜻

2. 에서는 (　　　　　)이 되어 짐승을 잡아다가 (　　　　　)를 기쁘게 해 드렸습니다.

3. 장자권은 하나님의 (　　　　　)을 받기 위한 권리였습니다.

함께 이야기해요

1. 에서가 잘못한 점이 무엇인지 이야기 해 보세요.

2. 우리가 예수님을 믿을 수 있는 특별한 권리는 그 무엇과도 바꿀 수 없습니다. 왜 그럴까요?

11

창세기 27:1~28:9

아버지를 속이는 야곱

이삭은 나이가 많아 눈이 어두워 잘 보이지 않자, 첫째 아들인 에서에게 "들에 나가 짐승을 잡아서 맛있는 요리를 만들어 오너라. 그러면 너를 마음껏 축복해 주겠다"고 했어요.

남편 이삭의 말을 들은 리브가는 에서가 사냥간 사이에 야곱에게 염소 떼에 가서 좋은 새끼를 잡아오게 한 후 맛있는 요리를 만들었어요. 그리고 야곱에게 에서의 좋은 옷을 입히고, 염소 가죽으로 손과 목을 감아주며, 눈 먼 아버지에게 맛있는 고기 요리와 떡을 가지고 가서 에서 대신 축복을 받으라고 했어요.

어머니 리브가는 에서와 야곱이 자기 뱃속에 있을 때, "형이 동생을 섬기리라"는 하나님의 말씀을 기억하였던 것이에요.

야곱은 형 에서로 변장하여 어머니가 요리한 고기를 갖고 들어가 아버지에게 축복해 달라고 했어요.

이삭은 에서가 너무도 빨리 돌아왔다고 생각했기 때문에, 정말 에서인지 알아보려고 그의 손으로 아들을 만져 보았어요. 털이 많았기 때문에 잘 분별하지 못하고 에서라고 생각한 아버지 이삭은 음식을 다 먹고 야곱을 마음껏 축복해 주었어요.

야곱이 이삭에게 축복을 받고 나왔을 때, 에서는 사냥을 해 가지고 집에 도착했어요. 맛있는 요리를 만든 에서는 "아버지, 일어나셔서 이 아들이 잡아 만든 요리를 잡수시고 저에게 축복해 주세요"하고 말했어요.

이삭은 깜짝 놀라 떨리는 목소리로 "그러면 사냥한 고기를 내게 가져온 자가 누구냐? 너 오기 전에 내가 다 먹고 그를 위해 축복하였기에 그가 복을 받을 것이다" 했어요.

에서는 울면서 자기에게도 축복해 달라고 졸라댔지만, 좋은 것은 이미 야곱에게 다 주기로 약속했기 때문에 에서에게 좋은 것을 축복할 수가 없었어요.

에서는 이 일로 인해 야곱을 아주 미워하여 야곱을 죽이기로 결심했어요.

이 사실을 알게 된 어머니 리브가는 야곱에게, 형의 화가 풀릴 때까지 외삼촌 라반의 집으로 피하라고 했어요. 그래서 야곱은 집을 떠나 먼 길을 가게 되었습니다.

외울 말씀 : "네게 저주하는 자는 저주를 받고, 네게 축복하는 자는 복을 받기를 원하노라."(창 27:29)

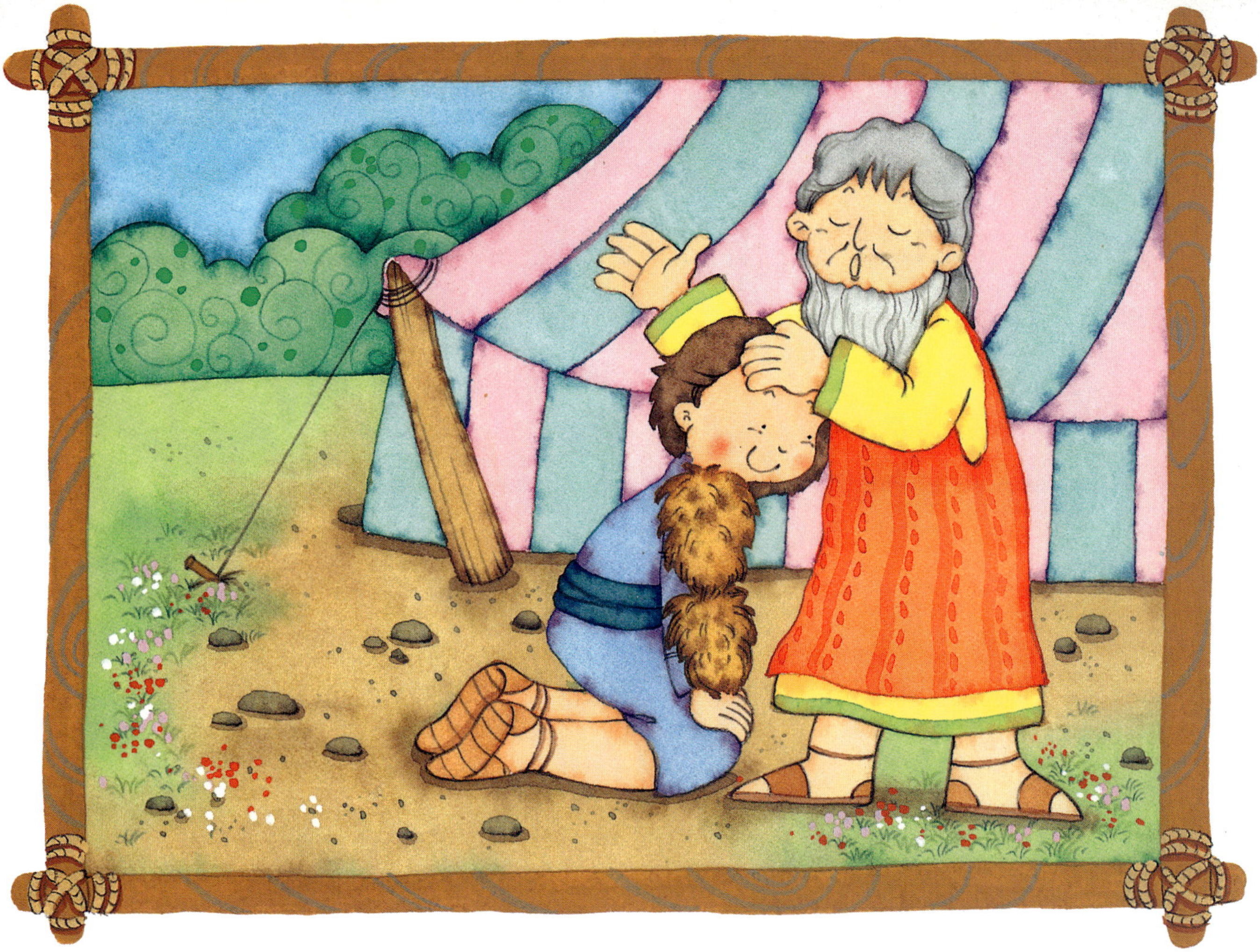

함께 공부해요

1. 야곱이 아버지를 속이기 위해서 한 것에 ○표 하세요.
   (1) 새끼 염소를 잡아서 맛있게 요리를 하였습니다.(　　　　　　)
   (2) 염소 가죽을 손과 목에 감았습니다.(　　　　　　)
   (3) 모자를 쓰고 아버지 이삭에게 갔습니다.(　　　　　　)
2. 형 에서가 받아야 할 (　　　　　　)을 야곱은 (　　　　　　)를 속여서 받았습니다.
3. 에서는 야곱을 (　　　　　　)하여 마음 속으로 죽이기로 결심했습니다.

함께 이야기해요

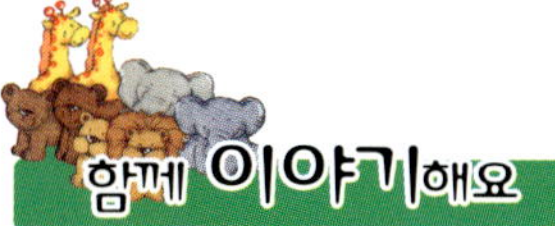

1. 야곱이 왜 아버지 이삭을 속였을까요?
2. 에서가 왜 야곱을 미워하게 되었는지 서로 이야기 해 보세요.

12

창세기 28:10~22

꿈을 꾸는 야곱

팥죽을 주고 장자권을 빼앗은 후, 거짓 말을 해서 에서가 받을 축복을 가로챈 야곱은, 형 에서를 피해 멀리 외삼촌 라반이 사는 하란을 향해 떠나게 되었어요.

야곱은 집에 계신 사랑하는 어머니 리브가가 보고 싶었어요. 사막에는 사나운 짐승도 있고, 강도 떼들도 있어서 갑자기 무서운 생각도 들었어요.

그래도 야곱은 하란으로 가야만 했어요.

야곱은 며칠 동안 뜨겁게 타는 듯한 사막을 걸었으며, 천막도 없는 땅바닥에서 잠을 잤어요.

야곱은 한 곳에 이르러서 돌 하나를 주워 베개를 삼고, 땅바닥에 누워 잠을 자다가 꿈을 꾸었어요.

야곱은 꿈속에서 하늘까지 닿은 긴 사닥다리를 보았는데, 흰옷을 입은 천사가 그 사닥다리를 오르락내리락 하고 있었고, 그 사닥다리 맨 끝에는 하나님이 서 계셨어요.

하나님께서는 야곱에게, "나는 네 할아버지 아브라함의 하나님, 네 아버지 이삭의 하나님이다. 네가 지금 누워 있는 이 땅을 너와 네 후손에게 주겠다. 네 후손은 땅의 티끌같이 되어 동. 서. 남. 북으로 널리 퍼지며, 땅의 모든 가족이 너와 네 후손의 덕을 입을 것이다. 내가 너와 함께 있어 네가 어디로 가든지 너를 지켜 주겠다. 너에게 약속한 것을 다 이루기까지 나는 네 곁을 떠나지 않을 것이다"라고 말씀하셨어요.

꿈에서 깨어난 야곱은 "하나님이 여기 계셨는데 모르고 있었구나. 이 얼마나 두려운 곳인가. 여기가 바로 하나님의 집이며, 하늘의 문이로구나"라고 말했어요.

고향을 떠나 외롭게 길을 가던 야곱은, 하나님께서 자기와 함께 계신 것을 이제야 알게 되었어요.

아침에 일어난 야곱은 베개 하였던 돌을 기둥으로 세우고 그 위에 기름을 붓고 그곳을 벧엘이라 하였는데, 이 말은 "하나님의 집"이란 뜻이에요.

야곱은 기쁘고 행복했습니다. 거짓말을 하고 도망가는 자신에게 하나님께서 지켜 주실 뿐만 아니라, 축복까지 해 주시니 참으로 감사한 일이었어요.

외울 말씀 : "꿈에 본즉 사닥다리가 땅 위에 섰는데 그 꼭대기가 하늘에 닿았고, 또 본즉 하나님의 사자가 그 위에서 오르락내리락 하고"(창 28:12)

함께 공부해요

1. 야곱의 꿈과 관계 있는 것에 ○표를 하세요.
   (1) 흰 옷 입은 여자들이 사닥다리를 오르락내리락 했습니다.(　　　)
   (2) 사닥다리 맨 끝에 하나님이 서 계셨습니다.(　　　)
2. 하나님께서 야곱에게 주신 복에 ○표하세요.
   (1) 네 아들이 땅의 티끌처럼 불어날 것이다.(　　　)
   (2) 네가 어디로 가든지 너를 지켜 주겠다.(　　　)
3. 야곱은 자신이 꿈을 꾼 곳을 (　　　　　　)이라고 했습니다.

함께 이야기해요

1. 왜 야곱이 도망을 가게 되었나요?
2. 길을 떠나는 야곱에게, 하나님의 어떤 말씀이 가장 힘이 되었을까요?

13

창세기 32:1~33:20

씨름하는 야곱

야곱이 고향을 떠난 지 어느덧 20년이 지났어요. 하나님께서는 야곱을 축복해 주셨어요. 결혼을 해서 많은 자녀도 낳았고, 어마어마한 재산도 가지게 되었어요.

이제 그는 꿈에도 잊지 못하던 부모님을 만나기 위해 고향인 가나안으로 가려고 준비를 했어요. 야곱은 그의 모든 식구와 재산을 가지고 외삼촌 집을 떠나게 되었는데, 형 에서에게 지은 죄 때문에 두려운 마음이 있었어요.

야곱은 아직도 에서가 자기를 미워하고 있는지를 알아보기 위해서 형에게 종들을 보냈는데 종들은 돌아와서 야곱에게 이렇게 보고 했습니다.

"저희들은 주인의 형에게 다녀왔습니다. 그는 주인을 맞으려고 400명의 군대를 거느리고 이리로 오고 있습니다."

이 말을 들은 야곱은 두려웠고, 어떻게 하면 형의 마음을 풀 수 있을까 생각했던 끝에 많은 예물을 먼저 형에게 보내기로 했어요. 그리고 그는 하나님께 도움을 청하기 위해서 얍복강가에 혼자 남게 되었어요.

그 날 밤, 어떤 사람이 나타나 야곱과 밤새도록 씨름을 했는데, 야곱은 온 힘을 다해서 싸웠기 때문에 지지 않았어요. 이 낯선 사람은 야곱을 이길 수 없음을 알고 야곱의 환도뼈를 치자, 야곱은 다리를 절게 되었어요. 자기와 씨름한 사람이 천사인 것을 알게 된 야곱은, "당신이 내게 복을 주지 않으면 절대로 놓아줄 수 없습니다"라고 떼를 썼어요.

천사가 "네 이름이 무엇이냐?"고 묻자, 야곱은 "제 이름은 야곱입니다"하고 대답했어요.

천사는 야곱에게 말했어요.

"너는 하나님과 겨루어 이겼다. 그러니 앞으로는 네 이름을 야곱이라 하지 말고 이스라엘이라고 하여라."

이스라엘이란 "하나님과 싸워서 이긴 사람"이라는 뜻이에요. 드디어 형을 만난 야곱은 몸을 일곱 번 땅에 굽혀 절하고 가까이 가자, 형 에서가 달려와서 야곱을 안고 입을 맞추며 울음을 터뜨렸어요. 이제 에서와 야곱은 사이좋게 지내게 되었어요.

외울 말씀 : "네 이름을 다시는 야곱이라 부를 것이 아니요 이스라엘이라 부를 것이니, 이는 네가 하나님과 사람으로 더불어 겨루어 이기었음이니라."(창 32:28)

함께 공부해요

1. 야곱이 돌아가야 할 고향은 (　　　　　　) 땅입니다.
2. 야곱은 하나님의 도움을 얻기 위해서 (　　　　　　)이라는 강가에 있었습니다.
3. 야곱은 그 날 밤 어떤 사람과 밤이 새도록 (　　　　　　)했습니다.
4. 야곱은 천사와 겨루어 (　　　　　　)습니다.
5. 천사는 야곱이라는 이름을 (　　　　　　)로 바꾸어 주셨습니다.

함께 이야기해요

1. 여러분의 이름의 뜻이 무엇인지 부모님께 여쭈어서 이야기해 보세요.
2. 어려운 일을 당할 때 우리는 어떻게 해야 되나요?